नये सुभाषित

नये सुभाषित

रामधारी सिंह 'दिनकर'

लोकभारती प्रकाशन

लोकभारती प्रकाशन
पहली मंजिल, दरबारी बिल्डिंग, महात्मा गांधी मार्ग
प्रयागराज-211 001
वेबसाइट: www.lokbhartiprakashan.com
ईमेल : info@lokbhartiprakashan.com

शाखाएँ : 1-बी, नेताजी सुभाष मार्ग, दरियागंज
नई दिल्ली-110 002
अशोक राजपथ, साइंस कॉलेज के सामने
पटना-800 006
36 ए, शेक्सपियर सरणी, कोलकाता-700 017

पहला संस्करण : 1957
तीसरा संस्करण : 2024

मुद्रक : बी.के. ऑफसेट
नवीन शाहदरा, दिल्ली-110 032

NAYE SUBHASHIT
Poems by Ramdhari Singh 'Dinkar'

ISBN : 978-81-8031-412-4

मूल्य: ₹395

दो शब्द

इस छोटी-सी पुस्तक में लगभग सौ विषयों पर कोई दो सौ कंडिकाएँ अथवा पद संगृहीत हैं जिन्हें और किसी नाम के अभाव में मैंने 'सुभाषित' कहा है। इन सुभाषितों की रचना अवकाश के क्षणों में की गई है, अवकाश यानी वह समय जब कोई भी श्रमसाध्य काम करने को जी न चाहता हो। भाव इसके अधिकांश मौलिक हैं, किन्तु, बहुत-से ऐसे भी हैं जो बाहरी देशों के श्रेष्ठ कवियों और चिन्तकों से लिये गए हैं।

आजकल हिन्दी के पाठक क्या पढ़ रहे हैं, यह ठीक से समझ में नहीं आता। अनुमान तो मेरा यही है कि स्वराज्य के बाद से, ज्यों-ज्यों समय बीतता जाता है, पाठक गहरी चीजों से दूर होते जा रहे हैं। मगर, इन सुभाषितों में थोड़े ही ऐसे हैं, जो गम्भीर कहे जा सकते हैं। बाकी सुभाषित तो ऐसे ही हैं जिनमें व्यंग्य-विनोद का काफी पुट है और जो हृदय तथा बुद्धि को गुदगुदाना जानते हैं। इसलिए, मुझे आशा है कि ये सुभाषित पढ़े जाएँगे।

नई दिल्ली

26 जुलाई, सन् 1957 ई.

—दिनकर

नये सुभाषित

क्रम

प्रेम

प्रेम की आकुलता का भेद
छिपा रहता भीतर मन में,
काम तब भी अपना मधु वेद
सदा अंकित करता तन में।

सुन रहे हो प्रिय?
तुम्हें मैं प्यार करती हूँ।
और जब नारी किसी नर से कहे,
प्रिय! तुम्हें मैं प्यार करती हूँ,
तो उचित है, नर इसे सुन ले ठहर कर,
प्रेम करने को भले ही वह न ठहरे।

मन्त्र तुमने कौन यह मारा
कि मेरा हर कदम बेहोश है सुख से?
नाचती है रक्त की धारा,
वचन कोई निकलता ही नहीं मुख से।

पुरुष का प्रेम तब उद्दाम होता है,
प्रिया जब अंक में होती।

त्रिया का प्रेम स्थिर अविराम होता है,
सदा बढ़ता प्रतीक्षा में।

प्रेम नारी के हृदय में जन्म जब लेता,
एक कोने में न रुक
सारे हृदय को घेर लेता है।
पुरुष में जितनी प्रबल होती विजय की लालसा,
नारियों में प्रीति उससे भी अधिक उद्दाम होती है।
प्रेम नारी के हृदय की ज्योति है,
प्रेम उसकी जिन्दगी की साँस है;
प्रेम में निष्फल त्रिया जीना नहीं फिर चाहती।

शब्द जब मिलते नहीं मन के,
प्रेम तब इंगित दिखाता है,
बोलने में लाज जब लगती,
प्रेम तब लिखना सिखाता है।

पुरुष प्रेम सतत करता है, पर, प्रायः, थोड़ा-थोड़ा,
नारी प्रेम बहुत करती है, सच है, लेकिन, कभी-कभी।

स्नेह मिला तो मिली नहीं क्या वस्तु तुम्हें?
नहीं मिला यदि स्नेह बन्धु!
जीवन में तुमने क्या पाया?

फूलों के दिन में पौधों को प्यार सभी जन करते हैं,
मैं तो तब जानूँगी जब पतझर में भी तुम प्यार करो।
जब ये केश श्वेत हो जाएँ और गाल मुरझाए हों,
बड़ी बात हो रसमय चुम्बन से तब भी सत्कार करो।

प्रेम होने पर गली के श्वान भी
काव्य की लय में गरजते, भूँकते हैं।

प्रात:काल कमल भेजा था शुचि, हिमधौत, समुज्ज्वल,
और साँझ को भेज रहा हूँ लाल-लाल ये पाटल।
दिन भर प्रेम जलज-सा रहता शीतल, शुभ्र, असंग
पर, धरने लगता होते ही साँझ गुलाबी रंग।

उसका भी भाग्य नहीं खोटा
जिसको न प्रेम-प्रतिदान मिला,
छू सका नहीं, पर, इन्द्रधनुष
शोभित तो उसके उर में है।

चुम्बन

सब तुमने कह दिया, मगर, यह चुम्बन क्या है?
"प्यार तुम्हें करता हूँ मैं", इसमें जो 'मैं' है,
चुम्बन उस पर मधुर, गुलाबी अनुस्वार है।
चुम्बन है वह गूढ़ भेद मन का, जिसको मुख
श्रुतियों से बच कर सीधे मुख से कहता है।

कविता और प्रेम

ऊपर सुनील अम्बर, नीचे सागर अथाह,
है स्नेह और कविता, दोनों की एक राह।
ऊपर निरभ्र शुभ्रता स्वच्छ अम्बर की हो,
नीचे गम्भीरता अगम-अतल सागर की हो।

सौन्दर्य

निस्सीम शक्ति निज को दर्पण में देख रही,
तुम स्वयं शक्ति हो या दर्पण की छाया हो?

तुम्हारी मुस्कराहट तीर है केवल,
धनुष का काम तो मादक तुम्हारा रूप करता है।

सौन्दर्य रूप ही नहीं, अदृश्य लहर भी है।
उसका सर्वोत्तम अंश न चित्रित हो सकता।

विश्व में सौन्दर्य की महिमा अगम है,
हर तरफ हैं खिल रही फुलवारियाँ।
किन्तु, मेरे जानते सब से ऊपर हैं
रूप की प्रतियोगिता में नारियाँ।

तुम्हारी माधुरी, शुचिता, प्रभा, लावण्य की समता
अगर करते कभी तो एक केवल पुष्प करते हैं।
तुम्हें जब देखता हूँ, प्राण जाने, क्यों विकल होते,
न जाने, कल्पना से क्यों जुही के फूल झरते हैं!

रूप है वह पहला उपहार
प्रकृति जो रमणी को देती,
और है यही वस्तु वह जिसे
छीन सबसे पहले लेती।

वातायन

निज वातायन से तुम्हें देखता मैं बेसुध,
जब-जब तुम रेलिंग पकड़ खड़ी हो जाती हो,
चाँदनी तुम्हारी खिड़की पर थिरकी फिरती,
तुम किसी और के सपने में मँडराती हो।

नर-नारी

क्या पूछा, है कौन श्रेष्ठ सहधर्मिणी?
कोई भी नारी जिसका पति श्रेष्ठ हो।

कई लोग नारी-समाज की निन्दा करते रहते हैं।
मैं कहता हूँ, यह निन्दा है किसी एक ही नारी की।

पुरुष चूमते तब जब वे सुख में होते हैं,
हम चूमतीं उन्हें जब वे दुःख में होते हैं।

तुम पुरुष के तुल्य हो तो आत्मगुण को
छोड़ क्यों इतना त्वचा को प्यार करती हो?
मानती नर को नहीं यदि श्रेष्ठ निज से
तो रिझाने को किसे शृंगार करती हो?

कच्ची धूप-सदृश प्रिय कोई धूप नहीं है,
युवती माता से बढ़ कोई रूप नहीं है।
अच्छा पति है कौन? कान से जो बहरा हो।
अच्छी पत्नी वह, न जिसे कुछ पड़े दिखाई।

नर रचते कानून, नारियाँ रचती हैं आचार,
जग को गढ़ता पुरुष, प्रकृति करती उसका शृंगार।

रो न दो तुम, इसलिए, मैं हँस पड़ी थी,
प्रिय! न इसमें और कोई बात थी।
चाँदनी हँस कर तुम्हें देती रही, पर,
जिन्दगी मेरी अँधेरी रात थी।

औरतें कहतीं भविष्यत् की अगर कुछ बात,
नर उन्हें डाइन बता कर दंड देता है।
पर, भविष्यत् का कथन जब नर कहीं करता,
हम उसे भगवान का अवतार कहते हैं।

शिशु और शैशव

न तो सोचता है भविष्य पर, न तो भूत का धरता ध्यान,
केवल वर्तमान का प्रेमी, इसीलिए, शैशव छविमान।

क्या तुम्हें सन्तान है कोई,
जिसे तुम देख मन-ही-मन भरे आनन्द से रहते?
भविष्यत् का मधुर उपमान है कोई,
जिसे तुम देखकर सब आपदाएँ शान्त हो सहते?
अगर हाँ, तो तुम्हें मैं भाग्यशाली मानता हूँ,
तुम्हारी आपदाओं को यद्यपि मैं जानता हूँ।

बच्चों को दो प्रेम और सम्मान भी।
आवश्यक जितना है उससे अधिक बनो मत बाप।
जब-तब कुछ एकान्त चाहिए बच्चों को भी,
पहरा देते समय रखो यह ध्यान भी।

सूक्ष्म होता तृप्ति-सुख माता-पिता का,
सूक्ष्म ही होते विरह, भय, शोक भी।

केवल खिला-पिलाकर ही पालो मत इनको,
इन्हें वक्ष से अधिक नयन का क्षीर चाहिए।

बच्चों को नाहक संयम सिखलाते हो।
वे तो बनना वही चाहते हैं जो तुम हो।
तो फिर जिह्वा को देकर विश्राम जरा-सा
अपना ही दृष्टान्त न क्यों दिखलाते हो?

विवाह

शादी वह नाटक अथवा वह उपन्यास है,
जिसका नायक मर जाता है पहले ही अध्याय में।

शादी जादू का वह भवन निराला है,
जिसके भीतर रहनेवाले निकल भागना चाहते,
और खड़े हैं जो बाहर वे घुसने को बेचैन हैं।

ब्याह के कानून सारे मानते हो?
या कि आँखें मूँद केवल प्रेम करते हो?
स्वाद को नूतन बनाना जानते हो?
पूछता हूँ, क्या कभी लड़ते-झगड़ते हो?

प्रफुल्लता

धूप चाहते हो घर में तो हँसो-हँसाओ, मग्न रहो,
हरदम ज्ञानी बने रहे यदि तो बदली घिर जाएगी।

प्रसाधन कौन-सा है निष्कपट आनन्द से बढ़ कर?
प्रफुल्लित-पुष्प सी हँसती रहो, इतना अलम् है।
मसाले लेप कर क्यों गाल को पंकिल बनाती हो?

यौवन

वय की गम्भीरता से मिश्रित यौवन का आदर होता है,
वार्द्धक्य शोभता वह जिसमें जीवित हो जोश जवानी का।

जवानी का समय भी खूब होता है,
थिरकता जब उँगलियों पर गगन की आँख का सपना,
कि जब प्रत्येक नारी नायिका-सी भव्य लगती है,
कि जब प्रत्येक नर लगता हमें प्रेमी परम अपना।

जवानी और बुढ़ापा

जो जवानी में नहीं रोया, उसे बर्बर कहो,
जो बुढ़ापे में न हँसता है, मनुज वह मूर्ख है।

जब मैं था नवयुवक, वृद्ध शिक्षक थे मेरे,
भूतकाल की कथा गूढ़ बतलाते थे वे।
मैं पढ़ने को नहीं, वृद्ध होने जाता था,
आग बुझा कर शीतल मुझे बनाते थे वे।
पर, अब मैं बूढ़ा हूँ, शिक्षक नौजवान हैं,
उन्हें देख निज सोई वह्नि जगाता हूँ मैं।
भूत नहीं, अब परिचय पाने को भविष्य का।
यौवन के विद्या-मन्दिर में जाता हूँ मैं।

प्रतिभा

कैसे समझोगे कि कौन प्रतिभाशाली है?
प्रतिभा के लक्षण अनेक हैं, किन्तु, कभी जब
सभी गधे मिल एक व्यक्ति पर लात चलाएँ,
अजब नहीं, वह व्यक्ति महा प्रतिभाशाली हो!

आलोचक

रचना में क्या-क्या गुण होने चाहिए,
कूद-फाँदकर भी तुम नहीं बताते हो।
पर, रचना के दुर्गुण अपनी ही कृति में
कदम-कदम पर खूब दिखाए जाते हो।

मैं अगर कुछ बोलता हूँ,
तुम उसे अपराध क्यों कहते?
मक्खियाँ जब बैठती हैं,
सिंह भी रोएँ हिलाता है।

फूल

चिन्ताओं से भरा हुआ जीवन वह भी किस काम का,
विरम सके दो घड़ी नहीं यदि हम फूलों के सामने?

पुस्तक

पुस्तक है वह वाटिका सुगन्धों से पूरित
हम जिसे जेब में लिये घूमते-फिरते हैं।

कल्पना

आत्मा की है आँख, बुद्धि की पाँख है,
मानस की चाँदनी विमल है कल्पना।

सेतु

तरु से तरु तक रज्जु बाँध कर,
वातायन से वातायन तक बाँध कुसुम के हार,
उडु से उडु तक कुमुदबन्धु की रश्मि तान कर
आँखों से आँखों तक फैला कर रेशम के तार;
सेतु मैंने रच दिये सर्वत्र हैं।
कल्पने! चाहो जहाँ भी, नाच सकती हो।

खिलनमर्ग

यह शिखर नगराज का है,
दूर है भूतल, निकट बैकुंठ है।
जोर से मत बोल, नीरवता डरेगी,
स्वर्ग की इस शान्ति में बाधा पड़ेगी।

पत्रकार

जोड़-तोड़ करने के पहले तथ्य समझ लो,
पत्रकार, क्या इतना भी तुम नहीं करोगे?

अभिनेता

अभिनेता का सुयश शाम की लाली है,
चमक घड़ी भर फिर गहरी अँधियाली है।

मुक्त छन्द

मुक्त छन्द कुछ वैसा ही बेतुका काम है,
जैसे कोई बिना जाल के टेनिस खेले।

अनुवाद

'जेरेमिया' अवतार थे, वे दूत थे प्रभु के।
रहे वे किन्तु, जीवन भर विलपते, शीश धुनते ही।
तुम्हें मालूम है, क्यों वे बिचारे शीश धुनते थे?
उन्हें था ज्ञात, मैंने आग से जो कुछ लिखा है,
उसे अनुवादकों का दल किसी दिन क्षार कर देगा।

धर्म

दर्शन मात्र विचार, धर्म ही है जीवन।
धर्म देखता ऊपर नभ की ओर,
ध्येय दर्शन का मन।
हमें चाहिए जीवन और विचार भी।
अम्बर का सपना भी, यह संसार भी।

सिकता के कण में मिला विश्व संचित सारा,
प्रच्छन्न पुष्प में देवों का संसार मिला।
मुट्ठी के भीतर बन्द मिला अम्बर अनन्त,
अन्तर्हित एक घड़ी में काल अपार मिला।

अज्ञात, गहन, धूमिल के पीछे कौन खड़े
शासन रहते तुम जगद्व्यापिनी माया पर?
दिन में सूरज, रजनी में बन नक्षत्र कौन
तुम आप दे रहे पहरा अपनी छाया पर?

बहुत पूछा, मगर, उत्तर न आया,
अधिक कुछ पूछने में और डरते हैं।
असम्भव है जहाँ कुछ सिद्ध करना,
नयन को मूँद हम विश्वास करते हैं।

सोचता हूँ जब कभी, संसार यह आया कहाँ से?
चकित मेरी बुद्धि कुछ भी कह न पाती है।
और तब कहता हृदय, "अनुमान तो होता यही है,
घट अगर है, तो कहीं घटकार भी होगा।"

रोटी के पीछे आटा है क्षीर-सा,
आटे के पीछे चक्की की तान है,
उसके भी पीछे गेहूँ है, वृष्टि है,
वर्षा के पीछे अब भी भगवान है।

हुंकार

सिंह की हुंकार है हुंकार निर्भय वीर नर की।
सिंह जब वन में गरजता है,
जन्तुओं के शीश फट जाते,
प्राण लेकर भीत कुंजर भागता है।
योगियों में, पर, अभय आनन्द भर जाता,
सिंह जब उनके हृदय में नाद करता है।

प्रार्थना

प्रार्थना में शक्ति है ऐसी कि वह निष्फल नहीं जाती।
जो अगोचर कर चलाते हैं जगत को,
उन करों को प्रार्थना नीरव चलाती है।

प्रार्थना से जो उठा है पूत होकर
प्रार्थना का फल उसे तो मिल गया।

अर्थ नीचे ही यदि रह गया,
शब्द क्या उड़ते जाते हैं?
अर्थ के बिना शब्द हे मित्र!
स्वर्ग तक पहुँच न पाते हैं।

स्वर्ग

स्वर्ग की जो कल्पना है,
व्यर्थ क्यों कहते उसे तुम?
धर्म बतलाता नहीं सन्धान यदि इसका,
स्वर्ग का तुम आप आविष्कार कर लेते।

भगवान की बिक्री

लोगे कोई भगवान? टके में दो दूँगा।
लोगे कोई भगवान? बड़ा अलबेला है।
साधना-फकीरी नहीं, खूब खाओ, पूजो,
भगवान नहीं, असली सोने का ढेला है।

मन्दिर

जहाँ मनुज का मन रहस्य में खो जाए,
जहाँ लीन अपने भीतर नर हो जाए,
भूल जाए जन जहाँ स्वकीय इयत्ता को,
जहाँ पहुँच नर छुए अगोचर सत्ता को।
धर्मालय है वही स्थान, वह हो चाहे सुनसान में,
या मन्दिर-मस्जिद में अथवा जूते की दुकान में।

संन्यासी और गृहस्थ

तेरा वास गगन-मंडल पर, मेरा वास भुवन में,
तू विरक्त, मैं निरत विश्व में, तू तटस्थ, मैं रण में।
तेरी-मेरी निभे कहाँ तक, ओ आकाश-प्रवासी?
मैं गृहस्थ सबका दुःख-भोगी, तू अलिप्त संन्यासी।

राजनीति

सावधान रखते स्वदेश को और बढ़ाते मान भी,
राजदूत हैं आँख देश की और राज्य के कान भी।

तुम्हें बताऊँ यह कि कूटनीतिज्ञ कौन है?
वह जो रखता याद जन्मदिन तो रानी का,
लेकिन, उसकी वयस भूल जाता है।

लगा राजनीतिज्ञ रहा अगले चुनाव पर घात,
राजपुरुष सोचते किन्तु, अगली पीढ़ी की बात।

हो जाता नरता का तब इतिहास बड़ा,
बड़े लोग जब पर्वत से टकराते हैं।
नर को देंगे मान भला वे क्या, जो जन
एक दूसरे को नाहक धकियाते हैं?

'हाँ' बोले तो 'शायद' समझो, स्यात् कहे तो 'ना' जानो।
और कहे यदि 'ना' तो उसको कूटनीतिविद मत मानो।

मन्त्रियों के गुण अनोखे जानते हो?
वे न तो गाते, बजाते, नाचते हैं,
और खबरों के सिवा कुछ भी नहीं पढ़ते।
हर घड़ी चिन्ता उन्हें इस बात की रहती,
कि कैसे और लोगों से जरा ऊँचा दिखें हम।
इसलिए ही, बात मुर्दों की तरह करते सदा वे,
और ये धनवान रिक्शों पर नहीं चढ़ते।

शक्ति और सिद्धान्त राजनीतिज्ञ जनों में
खूब चमकते हैं जब तक अधिकार न मिलता।
मन्त्री बनने पर दोनों ही दब जाते हैं।

शासन के यन्त्रों पर रक्खो आँख कड़ी,
छिपे अगर हों दोष, उन्हें खोलते चलो
प्रजातन्त्र का क्षीर प्रजा की वाणी है,
जो कुछ हो बोलना, अभय बोलते चलो

मन्त्री के आसन की यह महिमा विचित्र है,
जब तक इस पर रहो, नहीं दिखलाई देगी
शासन की हीनता, न भ्रष्टाचार किसी का।
किन्तु, उतरते ही उससे सहसा हो जाता
सारा शासन-चक्र भयानक पंज पाप का,
और शासकों का दल चोर नजर आता है।

जब तक मन्त्री रहे, मौन थे, किन्तु, पदच्युत होते ही
जोरों से टूटने लगे हैं भाई भ्रष्टाचारों पर।

मन्त्री के पावन पद की यह शान,
नहीं दीखता दोष कहीं शासन में।
भूतपूर्व मन्त्री की यह पहचान,
कहता है, सरकार बहुत पापी है।

किसे सुनाते हो, शासन में पग-पग पर है पाप छिपा?
किया न क्यों प्रतिकार अघों का जब तुम सिंहासन पर थे?

छीन ली मन्त्रीगीरी तो घूस को भी रोक दो।
अब 'करप्शन' किसलिए, मैं ही न जब मालिक रहा?

जब तक है अधिकार, ढील मत दो पापों को,
सुनते हो मन्त्रियो! नहीं तो लोग हँसेंगे,
कल को मन्त्री के पद से हट जाने पर जब
भ्रष्टाचरणों के विरुद्ध तुम चिल्लाओगे।

प्रजातन्त्र का वह जन असली मीत
सदा टोकता रहता जो शासन को।
जनसत्ता का वह गाली संगीत
जो विरोधियों के मुख से झरती है।

क्रान्तिकारी

क्रान्तिकारी मैं जवानी भर न हो पाया,
सिर्फ इस भय से, कहीं मैं भी बुढ़ापे में
क्रान्ति में फँसकर न दकियानूस हो जाऊँ।

बुनियादी तालीम

गरज-तरज कर कहा एक वक्ता ने उस दिन,
"बुनियादी तालीम त्यागियों की शिक्षा है।"
मैं कहता हूँ, अरे त्यागियो! मुझे बता दो,
कौन पिता ऐसा है जो अपने बच्चे को
भोग-मुक्त कर संन्यासी करना चाहेगा?

अबन्ध शिक्षा

शिक्षा जहाँ अबन्ध, मुक्त है,
उन देशों के लोगों को
साथ लगा ले जो चाहे, पर,
कोई हाँक नहीं सकता।

मुक्त देश

मुक्त देश का यह लक्षण है मित्र!
कष्ट अल्प, पर, शोर बहुत होता है।
तानाशाही का पर, हाल विचित्र,
जीभ बाँध जन मन-ही-मन रोता है।

अल्पसंख्यक

अल्पसंख्यकों के आँसू यदि पुँछे नहीं,
वृथा देश में तो कायम सरकार है।
बहुमत को तो अलम् स्वयं अपना बल है,
अल्पसंख्यकों का शासन पर भार है।

युद्ध

युद्ध को वे दिव्य कहते हैं जिन्होंने,
युद्ध की ज्वाला कभी जानी नहीं है।

पागलपन

जब-तब ही देखते व्यक्तियों में हम पागल,
पर, समूह का तो पागलपन नित्य धर्म है।

ज्ञान

ज्ञान अर्जित कर हमें फिर प्राप्त क्या होता?
सिर्फ इतनी बात, हम सब मूर्ख हैं।

चिन्ता

सोचना है मूल सारी वेदना का,
छोड़ दो चिन्ता, बड़े सुख से जियोगे।
शान्ति का उत्संग तब होगा सुलभ, जब
मानसिक निस्तब्धता का रस पियोगे।

नि:शब्दता

शब्द जो नि:शब्द, नीरव हैं,
समय पाकर वही परिपक्व होते हैं।
घूर्णि जब आती, नहीं दिन भर ठहरती है।
और वह वर्षा नहीं भरती सरोवर को,
पटपटा कर जो बहुत आवाज करती है।

पंथ

पंथ लौट कर पहुँचेगा फिर वहाँ
जहाँ से शुरू हुआ था।
घर जाने के लिए बहुत आतुर मत होओ।
बहुत तेज मत चलो, न ठहरो, यही बहुत है।

आग और बर्फ

कुछ कहते हैं, विश्व एक दिन जल जाएगा,
कुछ कहते हैं, विश्व एक दिन गल जाएगा।
मुझे दीखता, दोनों ही सच हो सकते हैं।
तृषा वह्नि है, जगती उसमें जल सकती है,
घृणा बर्फ है, दुनिया उसमें गल सकती है।

बीता हुआ कल

युग मरे, सदियाँ गईं मर, किन्तु, ओ बीते हुए कल!
क्या हुआ तुमको कि तुम अब भी नहीं मरते?
घेरते हर रोज क्यों मुझको मलिन अपने क्षितिज से?
नित्य सुख को आँसुओं से सिक्त क्यों करते?

कानून और आचार

वे रचते कानून कि सबके उज्ज्वल रहें सदा आचार,
हम आचरण शुद्ध रखकर विश्राम नियम को देते हैं।

समझौते की शान्ति

ज्वर में सिर पर बर्फ रखा करते हैं,
यही बहुत कुछ समझौते की शान्ति है।
किन्तु, कभी क्या ज्वर भागा है बर्फ से?
हिम को ज्वर की दवा समझना भ्रान्ति है।

प्रशंसा

बुद्धिमान की करो प्रशंसा जब वह नहीं वहाँ हो,
पर, नारी की करो बड़ाई जब वह खड़ी जहाँ हो।

प्रसिद्धि

मरणोपरान्त जीने की है यदि चाह तुझे,
तो सुन, बतलाता हूँ मैं सीधी राह तुझे,
लिख ऐसी कोई चीज कि दुनिया डोल उठे,
या कर कुछ ऐसा काम, जमाना बोल उठे।

जिस ग्रन्थ में लिखते सुधी, यश खोजना अपकर्म है,
उस ग्रन्थ में ही वे सुयश निज आँक जाते हैं।

देशभक्ति

देशभक्ति किसकी सबसे उत्तम है?
उसकी जो गाता स्वदेश की उत्तमता का गान नहीं,
किन्तु, उसे उत्तम से उत्तम रोज बनाये जाता है।

परिवार

हरि के करुणामय कर का जिस पर प्रसार है,
उसे जगत भर में निज गृह सबसे प्यारा लगता है।

आशा

सारी आशाएँ न पूर्ण यदि होती हों,
तब भी अंचल छोड़ नहीं आशाओं के।

मर गया होता कभी का
आपदाओं की कठिनतम मार से,
यदि नहीं आशा श्रवण में
नित्य यह सन्देश देती प्यार से—
"घूँट यह पी लो कि संकट जा रहा है।
आज से अच्छा दिवस कल आ रहा है।"

सभी दु:खों की एक महौषधि धीरज है,
सभी आपदाओं की एक तेरी आशा।

आत्मविश्वास

गौण, अतिशय गौण है, तेरे विषय में
दूसरे क्या बोलते, क्या सोचते हैं।
मुख्य है यह बात, पर, अपने विषय में
तू स्वयं क्या सोचता, क्या जानता है।

उलटा समझें लोग, समझने दे तू उनको,
बहने दे यदि बहती उलटी ही बयार है,
आज न तो कल जगत तुझे पहचानेगा ही,
अपने प्रति तू आप अगर ईमानदार है।

निश्चिन्त

व्योम में बाकी नहीं अब बदलियाँ हैं,
मोह अब बाकी नहीं उम्मीद में,
आह भरना भूल कर सोने लगा हूँ
बन्धु! कल से खूब गहरी नींद में।

चीनी कवि

वेणुवन की छाँह में बैठा अकेला
मैं कभी बंसी, कभी सीटी बजाता हूँ।
खूब खुश हूँ, आदमी कोई नहीं आता।
चाँद केवल रात में आ झाँकता है।
सूर्य, पर, दिन में चला जाता बिना देखे।
कौन दे उसको खबर इस कुंज में कोई छिपा है?

आत्मशिक्षण

विश्व में सब से वही है वीर,
    है जिन्होंने आप अपने को गढ़ा।
और वे ज्ञानी अगम गम्भीर,
    है जिन्होंने आप अपने से पढ़ा।

सत्य

शुभ्र नभ, निर्मेघ, सज्जन सत्यवादी,
ईश के ये अप्रतिम वरदान हैं।

यदि अयोग्य है तो फिर मत वह काम करो,
यदि असत्य है तो वह बात नहीं बोलो।

जो असत्यभाषी हैं उनसे अपने जन भी डरते हैं,
किन्तु, सत्यवादी मानव का अरि भी आदर करते हैं।

परिचय

सबके प्रति सौजन्य और बहुतों से रक्खो राम-सलाम,
मेलज़ोल थोड़े लोगों से, मैत्री किसी एक जन से।

सुख और आनन्द

जीवन उनके लिए मधुरता की उज्ज्वल रसधार है,
जिनकी आत्मा निष्कलंक है और किसी से प्यार है।

सुखी जीवन अधिकतर शान्त होता है।
जहाँ हलचल बढ़ी आनन्द चल देता वहाँ से।

सुख का रहस्य जानोगे क्या?
जीवन में हैं जो शूल उन्हें सह लेते हैं,
अनबिंधे कंटको में जो जन रह लेते हैं।
सब उन्हें सुखी कहते, अब पहचानोगे क्या?

आगे के सुख की तैयारी की एक राह,
जोगो कल के हित, अगर कभी कुछ जोग सका।
पर, आज प्राप्त है जितना भी आनन्द तुम्हें,
भोगो उसको निर्द्वन्द्व, जहाँ तक भोग सको।

आँख और कान

देख रहे जो कुछ उसमें भी सबका मत विश्वास करो,
सुनी हुई बातें तो केवल गूँज हवा की होती हैं।

आलस्य

मेल बैठता नहीं सदा दर्शन-जीवन का।
कहते हैं, आलस्य बड़ा भारी दुर्गुण है।
किन्तु, आलसी हुए बिना कब सुख मिलता है?
और मोददायिनी वस्तुएँ सभी व्यर्थ हैं।
फूल और तारे, इनका उपयोग कौन है?

ज्ञान और अज्ञान

विश्व में दुःशान्ति यह क्यों छा रही है?
आग पर क्यों आग लगती जा रही है?
एक है कारण कि जो है मूर्ख वह तो
हर विषय में ठीक निज को ही समझता है।

किन्तु, जो ज्ञानी पुरुष हैं,
वे घिरे हैं हर तरफ सन्देह से।
मूर्ख की ललकार वे दिन-रात सहते हैं।
जोर से लेकिन, न कोई बात कहते हैं।

मूर्ख

प्रत्येक मूर्ख को उससे भी
कुछ बड़ा मूर्ख मिल ही जाता,
जो उसे समझता है पंडित,
जो उसका आदर करता है।

मित्र

शत्रु से मैं खुद निबटना जानता हूँ,
मित्र से पर, देव! तुम रक्षा करो।

वातायन के पास खड़ा यह वृक्ष मनोहर
कहता है, यदि मित्र तुम्हें छोड़ने लगे हैं,
तो विपत्ति क्या? इससे तुम न तनिक घबराना।
कवि को कौन असंग बना सकता है भू पर?
लो, मैं अपना हाथ बढ़ाता हूँ खिड़की से,
मैत्री में तुम भी अब अपना हाथ बढ़ाओ।

ईर्ष्या

सबकी ईर्ष्या, द्वेष, जलन का
भाजन केवल मात्र हूँ,
फिर भी, हरि को धन्यवाद है,
मैं न दया का पात्र हूँ।

संकट

भीरु पूर्व से ही डरता है, कायर भय आने पर,
किन्तु, साहसी डरता भय का समय निकल जाने पर।

संकट से बचने की जो है राह,
वह संकट के भीतर से जाती है।

समुद्र

चूर्ण तरंगों से शोभित जब सागर लहराता है,
लगता है, मानो, अम्बर का दर्पण टूट गया हो।

वृक्ष

पहली पंक्ति लिखी विधि ने जिस दिन कविता की,
उस दिन पहला वृक्ष स्वयं उत्पन्न हो गया।
प्रथम काव्य है वृक्ष विश्व के पहले कवि का।

द्रुमों को प्यार करता हूँ।
प्रकृति के पुत्र ये
माँ पर सभी कुछ छोड़ देते हैं,
न अपनी ओर से कुछ भी कभी कहते।
प्रकृति जिस भाँति रखना चाहती
उस भाँति ये रहते।

क्वाँरा

क्वाँरा कहते उसे, पुरुष जो मेले में जाता तो है,
मूल्य पूछता फिरता, लेकिन, कुछ भी मोल नहीं लेता।

परोपदेश

औरों को उपदेश सुनाना चुम्बन-सा ही है यह काम,
खर्च नहीं इसमें कुछ पड़ता, मन को मीठा लगता है।

आयु के दो भाग हैं, पहली उमर में
आदमी रस-भोग में आनन्द लेता है।
और जब पिछली उमर आरम्भ हो जाती,
वह सभी को त्याग का उपदेश देता है।

खिलौने

दस के हों कि पचास साल के,
सभी खेलते ही तो हैं,
हाँ, वय के अनुसार चाहिए
उन्हें खिलौने अलग-अलग।

लज्जा

जीवों में है एक जीव
मानव ही जो लज्जित होता,
या कि जिसे लज्जित होने की
आवश्यकता होती है।

जनमत

करो वही जो तेरे मन का ब्रह्म कहे,
और किसी की बातों पर कुछ ध्यान न दो।
मुँह बिचकाएँ लोग अगर तो मत देखो,
बजती हों तालियाँ, अगर तो कान न दो।

श्रम

स्वर्ग की सुख-शान्ति है आराम में,
किन्तु, पृथ्वी की अहर्निश काम में।

सुख क्या है, पूछ श्रम-निरत किसान से;
पूछता है बात क्या तू बाबु-बबुआन से?

अध्ययन

जब साहित्य पढ़ो तब पहले पढ़ो ग्रन्थ प्राचीन,
पढ़ना हो विज्ञान अगर तो पोथो पढ़ो नवीन।

विज्ञान

बढ़ गया है दूर तक विज्ञान,
बढ़ गयी है शक्ति यातायात की।
किन्तु, क्या गन्तव्य कोई स्थान
है बढ़ा सारे जगत में एक भी?

निन्दा

सन्त की बातें बहुत कर सत्य होती हैं।
एक का तो साक्ष्य किंचित् हम स्वयं भरते;
उन्हें भी निन्दा-श्रवण में रस उपजता है,
जो किसी की भी स्वयं निन्दा नहीं करते।

सब जिसकी निन्दा करते हैं,
उसमें भी कुछ गुण हैं,
सब सराहते जिसे, बड़े
उसमें भी कुछ दुर्गुण हैं।

पाप

मानव है वह जो गिरा है पाप-पंक में,
सन्त है जो रो रहा है ग्लानि-परिताप से।
किन्तु, जो पतन को समझ ही न पाता है,
राक्षस है, दोष कर रोष भी दिखाता है।

साहस

सब कहते हैं, जाँच साहसी की है प्राण गँवाने में;
कभी-कभी जीवित रहने में हिम्मत देखी जाती है।

तथ्य और सत्य

आँख मूँद कर छूता हूँ जब शिला-खंड को,
मन कहता आप ही आप, यह तथ्य है।
आँख मूँद कर छूता हूँ जब नभ अखंड को,
मन कहता आप ही आप, यह सत्य है।

दर्द

दर्द को तुम फेन की धारा बनाओ।
फेन तो बह जाएगा;
नील निर्मल सिन्धु में रह जाएगा।

वायु

चाहता हूँ, मानवों के हेतु अर्पित
आयु यह हो जाए।
आयु यानी वायु जो छूकर सभी को
शून्य विस्मृति-कोष में खो जाए।

भूल

भूल जो करता नहीं कोई, असल में,
देवता है, वह न कोई काम करता है।
शून्य को भजता सदा सुनसान में रहकर,
मसनदों पर लेट कर आराम करता है।

अनुभव

सबसे बड़ा विश्वविद्यालय अनुभव है,
पर, इसकी देनी पड़ती है, फीस बड़ी।

अनुभवी किसको कहोगे?
उस पुरुष को जो बहुश्रुत, वृद्ध है, बहुदृष्ट है?
या उसे जो अनुभवों का रस जुगाना जानता है?

अनुभव वह कंघी है जो मिलती मनुष्य को
तब जब हो चुकता उसका सिर पूर्ण खांडु है।

विकास

भ्रष्ट देवता कहलाने में कौन सुयश है?
क्या कलंक है उन्नत शाखामृग होने में?

यती

जहाँ-जहाँ है फूल, वहाँ क्या साँप है?
जहाँ-जहाँ है रूप, वहाँ क्या पाप है?
शूलों में क्या है कि प्रेम से चुनते हो?
पर, फूलों को देख शीश क्यों धुनते हो?

नाटक

समय तुरत क्यों हो जाता उड्डीन,
प्रेमी का अभिनय हम जब करते हैं?
और मंच क्यों हो जाता संकीर्ण,
कभी सन्त का बाना यदि धरते हैं?
किन्तु, विदूषक बनने पर भगवान!
जाने, क्यों यह जगह फैल जाती है!
और हमारा करने को सम्मान
सभा रात भर बैठी रह जाती है!

गिरगिट

पथ की जलती हुई भूमि पर
मैंने देखा ध्यानमग्न बूढ़े गिरगिट को
(गिरगिट यानी एक बूँद घड़ियाल की)
खड़ा, देह को ताने पहने हरा कोट,
गरदन पर कालर की उठान,
सब ठीक-ठाक।
ऐसा लगता था, ज्यों कोई पादड़ी खड़ा हो,
या कोई बूढ़ा प्राध्यापक
खड़ा-खड़ा कुछ सोच रहा हो
निज में डूबा हुआ भूल कर सारे जग को।

कवि

इतना भी है बहुत, जियो केवल कवि होकर;
कवि होकर जीना यानी सब भार भुवन का।
लिये पीठ पर मन्द-मन्द बहना धारा में;
और साँझ के समय चाँदनी में मँडला कर
श्रान्त-क्लान्त वसुधा पर जीवन-कण बरसाना।
हँसते हो हम पर! परन्तु, हम नहीं चिढ़ेंगे।
हम तो तुम्हें जिलाने को मरने आये हैं।
मिले जहाँ भी जहर, हमारी ओर बढ़ा दो।

यह अँधेरी रात जो छाई हुई है,
छील सकते हो इसे तुम आग से?
देवता जो सो रहा उसको किसी विध
तुम जगा सकते प्रभाती राग से?

अन्वेषी

रोटी को निकले हो? तो कुछ और चलो तुम।
प्रेम चाहते हो? तो मंजिल बहुत दूर है।
किन्तु, कहीं आलोक खोजने को निकले हो
तो क्षितिजों के पार क्षितिज पर चलते जाओ।

आँसू

खिड़की के शीशे पर कोई बूँद पड़ी है;
अर्धरात्रि में यह आँसू किसका टपका है?
देख न सकता तुम्हें, किन्तु, ओ रोनेवाले!
रजनी हो दीर्घायु भले, पर, अमर नहीं है।
अरुण-बिन्दु-धारिणी उषा आती ही होगी।

नाव

प्रत्येक नया दिन नयी नाव ले आता है,
लेकिन, समुद्र है वही, सिन्धु का तीर वही।
प्रत्येक नया दिन नया घाव दे जाता है,
लेकिन, पीड़ा है वही, नयन का नीर वही।

स्मृति

शब्द साथ ले गये, अर्थ जिनसे लिपटे थे।
छोड़ गये हो छन्द, गूँजता है वह ऐसे,
मानो, कोई वायु कुंज में तड़प-तड़प कर
बहती हो, पर, नहीं पुष्प को छू पाती हो।

प्रकाश

किरणों की यह वृष्टि! दीन पर दया करो,
धरो, धरो, करुणामय! मेरी बाँह धरो।
कोने का मैं एक कुसुम पीला-पीला,
छाया से मेरा तन गीला, मन गीला।
अन्तर की आर्द्रता न कहीं गँवाऊँ मैं,
बीच धूप में पड़ कर सूख न जाऊँ मैं।
छाया दो, छाया दो, मुझे छिपाओ हे!
इस प्रकाश के विष से मुझे बचाओ हे!

आधुनिकता

प्रश्न : आधुनिकता की बही पर नाम अब भी तो चढ़ा दो,
नायलॅन का कोट हम सिलवा चुके हैं;
और जड़ से नोच कर बेली-चमेली के द्रुमों को
कैक्टसों से भर चुके हैं बाग हम अपना।

उत्तर : ठीक है, लेकिन, प्रयोगी काव्य भी कुछ जोड़ते हो?
और घर में चित्र हैं कितने पिकासो के?

समर्पण

धधका दो सारी आग एक झोंके में,
थोड़ा-थोड़ा हर रोज जलाते क्यों हो?
क्षण में जब यह हिमवान् पिघल सकता है,
तिल-तिल कर मेरा उपल गलाते क्यों हो?
मैं चढ़ा चुका निज अहंकार चरणों पर,
हो छिपा कहीं कुछ और, उसे भी ले लो।
चाहो, मुझको लो पिरो कहीं माला में,
चाहो तो कन्दुक बना पाँव से खेलो।

भारत

वृद्धि पर है कर, मगर, कल-कारखाने भी बढ़े हैं;
हम प्रगति की राह पर हैं, कह रहा संसार है।
किन्तु, चोरी बढ़ रही इतनी कि अब कहना कठिन है,
देश अपना स्वस्थ या बीमार है।

रूस में ईश्वर नहीं है,
और अमरीकी खुदा है बुर्जुआ।
याद है हीरोशिमा का कांड तुमको?
और देखा, हंगरी में जो हुआ?

रह सको तो तुम रहो समदूर दोनों की पहुँच से
और अपना आत्मगुण विकसित किये जाओ।
आप अपने पाँव पर जब तुम खड़े होगे,
आज जो रूठे हुए हैं,
आप ही उठकर तुम्हारे साथ हो लेंगे।

खींचते हैं जो तुम्हें दाएँ कि बाएँ, मूर्ख हैं।
ठीक है वह बिन्दु, दोनों का विलय होता जहाँ है,
ठीक है वह बिन्दु, जिससे फूटता है पथ भविष्यत् का।
ठीक है वह मार्ग जो स्वयमेव बनता जा रहा है

धर्म औ' विज्ञान
नूतन औ' पुरातन
प्राच्य और प्रतीच्य के संघर्ष से।

जब चलो आगे,
जरा-सा देख लो मुड़कर चिरन्तन रूप वह अपना,
अखिल परिवर्तनों में जो अपरिवर्तित रहा है।
करो मत अनुकरण ऐसे
कि अपने आप से ही दूर हो जाओ।
न बदलो यों कि भारत को
कभी पहचान ही पाये नहीं इतिहास भारत का।

सीखो नित नूतन ज्ञान, नयी परिभाषाएँ,
जब आग लगे, गहरी समाधि में रम जाओ।
या सिर के बल हो खड़े परिक्रम में घूमो,
ढब और कौन हैं चतुर बुद्धि-बाजीगर के?

गांधी को उलटा घिसो, और जो धूल झरे
उसके प्रलेप से अपनी कुंठा के मुख पर
ऐसी नक्काशी गढ़ो कि जो देखे, बोले,
"आखिर बापू भी और बात क्या कहते थे?"

डगमगा रहे हों पाँव, लोग जब हँसते हों,
मत चिढ़ो, ध्यान मत दो इन छोटी बातों पर।
कल्पना जगद्गुरुता की हो जिसके सिर पर
वह भला कहाँ तक ठोस कदम धर सकता है?

औ' गिर भी जो तुम गये किसी गहराई में,
तब भी तो इतनी बात शेष रह जाएगी?
यह पतन नहीं, है एक देश पाताल गया
प्यासी धरती के लिए अमृत-घट लाने को।

जवाहरलाल

तुम न होगे, कौन तब इस नाव का मल्लाह होगा?
देश में हर व्यक्ति को दिन-रात इसका सोच है।
देश के बाहर हमें तुमने प्रतिष्ठा तो दिला दी,
देश के भीतर बहुत, पर, बढ़ गया उत्कोच है।

एक कहता है कि मूँदो आँख, अमरीका चलो सब,
दूसरा कहता है, तुम्हें हम रूस ही ले जाएँगे।
मैं चकित हूँ सोचकर क्यों भाग जाना चाहते हैं
हिन्द को लेकर हमारे लोग हिन्दुस्तान से?

जयप्रकाश

लोग कहते हैं कि तुम हर रोज भटके जा रहे हो,
और यह सुन कर मुझे भी खेद होता है।
पर, तुरत मेरे हृदय का देवता कहता,
चुप रहो, मन्त्रित्व ही सब कुछ नहीं है।

विनोबा

विनोबा रात-दिन बेचैन होकर चल रहे हैं,
अभी हैं भींगते पथ में, अभी फिर जल रहे हैं।
हमीं हैं खूब सन्ध्या को निकल संसद-भवन से
किन्हीं रंगीनियों के पास मग्न टहल रहे हैं।

दिनकर

पूछता हूँ मैं तुझे दिनकर! कि तू क्या कर रहा है?
राजनगरी में पड़ा क्यों दिन गँवाता है?
दौड़ता फिरता समूचे देश में किस फेर में तू?
छाँह में अब भी नहीं क्यों बैठ जाता है?

मार्क्स और फ्रॉयड

प्रेम के नैराश्य की कविता लिखो तो
मार्क्स कहते हैं कि यह सब बुर्जुआपन है।
युवतियों को देख कर देखो मुकुर तो
फ्रॉयड इसको 'ओडिपस कम्प्लेक्स' कहते हैं।

गांधी

छिपा दिया है राजनीति ने बाबू! तुमको,
लोग समझते यही कि तुम चरखा-तकली हो।
नहीं जानते वे, विकास की पीड़ाओं से
वसुधा ने हो विकल तुम्हें उत्पन्न किया था।

कौन कहता है कि बापू शत्रु थे विज्ञान के?
वे मनुज से मात्र इतनी बात कहते थे,
रेल, मोटर या कि पुष्पक-यान, चाहे जो रचो, पर,
सोच लो, आखिर तुम्हें जाना कहाँ है।

सत्य की सम्पूर्णता देती न दिखलाई किसी को,
हम जिसे हैं देखते, वह सत्य का, बस, एक पहलू है।
सत्य का प्रेमी भला तब किस भरोसे पर कहे यह
मैं सही हूँ और सब जन झूठ हैं?

चलने दो मन में अपार शंकाओं को तुम,
निज मत का कर पक्षपात उनको मत काटो।
क्योंकि कौन हैं सत्य, कौन झूठे विचार हैं,
अब तक इसका भेद न कोई जान सका है।

सत्य है सापेक्ष्य, कोई भी नहीं यह जानता है,
सत्य का निर्णीत अन्तिम रूप क्या है? इसलिए,
आदमी जब सत्य के पथ पर कदम धरता,
वह उसी दिन से दुराग्रह छोड़ देता है।

हम नहीं मारें, न दें गाली किसी को,
मत कभी समझो कि इतना ही अलम् है।
बुद्धि की हिंसा, कलुष है, क्रूरता है कृत्य वह भी
जब कभी हो क्रुद्ध चिन्तन के धरातल पर
हम विपक्षी के मतों पर वार करते हैं।

शान्ति-सिद्धि का तेज तुम्हारे तन में है,
खड्ग न बाँहों को, न जीभ को व्याल करो।
इससे भी ऊपर रहस्य कुछ मन में है,
चिन्तन करते समय न दृग को लाल करो।

तुम बहस में लाल कर लेते दृगों को,
शान्ति की यह साधना निश्छल नहीं है।
शान्ति को वे खाक देंगे जन्म जिनकी
जीभ संकोची, हृदय शीतल नहीं है।

काम हैं जितने जरूरी, सब प्रमुख हैं,
तुच्छ इसको औ' उसे क्यों श्रेष्ठ कहते हो?
मैं समझता हूँ कि रण स्वाधीनता का
और आलू छीलना, दोनों बराबर हैं।

लो शोणित, कुछ नहीं अगर यह आँसू और पसीना,
सपने ही जब धधक उठें तब क्या धरती पर जीना?

सुखी रहो, दे सका नहीं मैं जो कुछ रो-समझा कर,
मिले तुम्हें वह कभी भाइयो-बहनो! मुझे गँवा कर।
जो कुछ था देय, दिया तुमने, सब लेकर भी
हम हाथ पसारे हुए खड़े हैं आशा में;
लेकिन, छींटों के आगे जीभ नहीं खुलती,
बेबसी बोलती है आँसू की भाषा में।
वसुधा को सागर से निकाल बाहर लाए,
किरणों का बन्धन काट उन्हें उन्मुक्त किया,
आँसुओं-पसीनों से न आग जब बुझ पाई,
बापू! तुमने आखिर को अपना रक्त दिया।

बापू! तुमने होम दिया जिसके निमित्त अपने को,
अर्पित सारी भक्ति हमारी उस पवित्र सपने को।
क्षमा, शान्ति, निर्भीक प्रेम को शतशः प्यार हमारा,
उगा गये तुम बीज, सींचने का अधिकार हमारा।
निखिल विश्व के शान्ति-यज्ञ में निर्भय हमीं लगेंगे,
आएगा आकाश हाथ में, सारी रात जगेंगे।

बड़े-बड़े जो वृक्ष तुम्हारे उपवन में थे,
बापू! अब वे उतने बड़े नहीं लगते हैं।
सभी ठूँठ हो गये और कुछ ऐसे भी हैं,
जो अपनी स्थितियों में खड़े नहीं लगते हैं।

कुर्ता-टोपी फेंक कमर में भले बाँध लो
पाँच हाथ की धोती घुटनों से ऊपर तक,
अथवा गांधी बनने के आकुल प्रयास में
आगे के दो दाँत डॉक्टर से तुड़वा लो।

पर, इतने से मूर्तिमान गांधीत्व न होता,
यह तो गांधी का विरूपतम व्यंग्य-चित्र है।
गांधी तब तक नहीं, प्राण में बहनेवाली
वायु न जब तक गन्धमुक्त सबसे अलिप्त है।
गांधी तब तक नहीं, तुम्हारा शोणित जब तक
नहीं शुद्ध गैरेय! सभी के सदृश लाल है।

स्थान में संघर्ष हो तो क्षुद्रता भी जीतती है,
पर, समय के युद्ध में वह हार जाती है।
जीत ले दिक् में 'जिना', पर, अन्त में बापू! तुम्हारी
जीत होगी काल के चौड़े अखाड़े में।

एक देश में बाँध संकुचित करो न इसको,
गांधी का कर्तव्य-क्षेत्र दिक् नहीं, काल है।
गांधी है कल्पना जगत के अगले युग की,
गांधी मानवता का अगला उद्विकास है।

●●●